8:F Pièce
3474

AF247204

INSTRUCTION

DU 3 MARS 1902

POUR L'APPLICATION

aux personnels des cadres auxiliaires du service de l'intendance, du règlement du 16 juin 1897 sur le recrutement, la répartition, l'instruction et l'administration des officiers de réserve et des officiers de l'armée territoriale.

PARIS

LIBRAIRIE MILITAIRE R. CHAPELOT ET Cᵉ

IMPRIMEURS-ÉDITEURS

30, Rue et Passage Dauphine, 30

—

1902

RÉPUBLIQUE FRANÇAISE

MINISTÈRE DE LA GUERRE

DÉPOT LÉGAL
A° Seine 1914
1902

Direction de l'Intendance militaire ; Bureau des Personnels administratifs et des Transports. — N° 46.

Instruction pour l'application, aux personnels des cadres auxiliaires du service de l'intendance, du règlement du 16 juin 1897 sur le recrutement, la répartition, l'instruction et l'administration des officiers de réserve et des officiers de l'armée territoriale.

Document abrogé : *Instruction du 21 mars 1898.*

Classement : *Volume n° 72 du Bulletin officiel, édition méthodique, page 183.*

Paris, le 3 mars 1902.

Art. 1er. Le règlement du 16 juin 1897 sur le recrutement, la répartition, l'instruction et l'administration des officiers de réserve et des officiers de l'armée territoriale s'applique, en tout ce qui n'est pas contraire aux dispositions qui font l'objet de la présente instruction, aux personnels des cadres auxiliaires du service de l'intendance, constitués par le décret du 7 décembre 1894.

TITRE PREMIER.

EFFECTIFS.

Art. 2. Les effectifs de ces personnels (réserve et armée territoriale) sont fixés comme il suit :

a) *Fonctionnaires et attachés.*

Sous-intendants	de 1re classe	(illimité).
	de 2e classe	(illimité).
	de 3e classe	100.
Adjoints à l'intendance		160.
Attachés	de 1re classe / de 2e classe à l'intendance	fixé par le Ministre, suivant les besoins.

b) *Officiers d'administration.*

	BUREAUX de L'INTENDANCE.	SUBSISTANCES.	HABILLEMENT et CAMPEMENT.
Officiers d'administration. Principaux.. de 1re classe.	(illimité) 80	(illimité) 150	(illimité) 16
de 2e classe. de 3e classe.	fixé par le Ministre, suivant les besoins.		

TITRE II.

RECRUTEMENT.

—

CHAPITRE Ier.

FONCTIONNAIRES ET ATTACHÉS.

Art. 3. Les attachés de 2e classe se recrutent :

1° *Par voie de concours*, parmi :

a) Les sous-officiers appartenant à la réserve ou à l'armée territoriale, qui ont accompli deux années de service dans le grade de sous-officier, soit dans l'armée active, soit dans la réserve, soit dans l'armée territoriale ;

b) Les anciens engagés conditionnels d'un an ;

c) Les sous-lieutenants et les officiers d'administration de 3e classe des services de l'intendance et de santé, appartenant à la réserve ou à l'armée territoriale.

2° *Par voie de nomination sans examen préalable*, parmi :

a) Les commissaires de 3e classe de la marine ou des troupes coloniales, démissionnaires ;

b) Les fonctionnaires visés à l'article 7 ci-après et déjà pourvus, au moins depuis deux ans, du grade de sous-officier, soit dans la réserve, soit dans l'armée territoriale.

Art. 4. Les attachés de 1re classe se recrutent :

1° *Par voie d'avancement*, parmi les attachés de 2e classe ;

2° *Par voie de concours*, parmi les lieutenants et les officiers d'administration de 2e classe des services de l'intendance et de santé, appartenant à la réserve ou à l'armée territoriale ;

3° *Par voie de nomination sans examen préalable*, parmi :

a) Les commissaires de 2° classe de la marine ou des troupes coloniales, démissionnaires ;

b) Les fonctionnaires visés à l'article 7 et déjà pourvus, au moins depuis quatre ans, du grade de sous-lieutenant ou d'officier d'administration de 3° classe du service de l'intendance ou de santé, soit dans la réserve, soit dans l'armée territoriale.

Art. 5. Les adjoints à l'intendance se recrutent :

1° *Par voie d'avancement*, parmi les attachés de 1re classe ;

2° *Par voie de nomination sans examen préalable*, et sur leur demande, parmi :

a) Les adjoints à l'intendance de l'armée active, démissionnaires ;

b) Les commissaires de 1re classe de la marine ou des troupes coloniales, retraités ou démissionnaires ;

c) Les inspecteurs-adjoints des eaux et forêts ayant accompli, avant leur nomination, un stage non soldé de 15 jours, dans une sous-intendance, avec l'autorisation du directeur de l'intendance de la région ;

d) Les fonctionnaires, visés à l'article 7, déjà pourvus, dans la réserve ou dans l'armée territoriale, soit du grade de lieutenant ou d'officier d'administration de 2° classe du service de l'intendance ou de santé, au moins depuis six ans, soit du grade de capitaine ou d'officier d'administration de 1re classe des mêmes services.

3° *Par voie de passage dans le cadre auxiliaire, sur leur demande*, parmi les capitaines et les officiers d'administration de 1re classe des services de l'intendance et de santé, au moment où ils quittent l'armée active par retraite ou démission, et parmi les titulaires des mêmes grades, dans la réserve ou dans l'armée territoriale. Les uns et les autres doivent être agréés par le directeur de l'intendance de la région, qui les convoque et les examine à cet effet ; la proposition dont ils peuvent être l'objet (modèle A du règlement du 16 juin 1897) et qui reste subordonnée aux notes obtenues, aux points de vue des aptitudes physique et professionnelle et de l'aptitude à l'équitation, est adressée au Ministre, appuyée desdites notes, aussitôt après l'examen.

Art. 6. Les sous-intendants militaires se recrutent :

1° *Par voie d'avancement*, parmi les adjoints à l'intendance ;

2° *Par voie de nomination sans examen préalable*, parmi :

a) Les sous-intendants militaires retraités, qui peuvent recevoir un emploi du grade dont ils étaient pourvus dans l'armée active ;

Et, sur leur demande, parmi :

b) Les sous-intendants militaires de l'armée active, démissionnaires ;

c) Les officiers du commissariat de la marine ou des troupes coloniales, retraités ou démissionnaires, qui sont nommés :

Les commissaires principaux de la marine et les commissaires principaux de 3ᵉ classe des troupes coloniales, au grade de sous-intendant militaire de 3ᵉ classe ;

Les commissaires en chef de 2ᵉ classe de la marine et les commissaires principaux de 2ᵉ classe des troupes coloniales, au grade de sous-intendant militaire de 2ᵉ classe ;

Les commissaires en chef de 1ʳᵉ classe de la marine et les commissaires principaux de 1ʳᵉ classe des troupes coloniales, au grade de sous-intendant militaire de 1ʳᵉ classe ;

d) Les inspecteurs des eaux et forêts, qui sont nommés au grade de sous-intendant militaire de 3ᵉ classe, après avoir accompli un stage non soldé de quinze jours, dans une sous-intendance, avec l'autorisation du directeur de l'intendance de la région ;

e) Les fonctionnaires, visés à l'article 7, déjà pourvus d'un grade d'officier supérieur dans la réserve ou dans l'armée territoriale, qui sont nommés, dans l'intendance, au grade correspondant ;

3º *Par voie de passage volontaire dans le cadre auxiliaire, sur leur demande*, parmi :

a) Les chefs de bataillon et d'escadron et les officiers principaux des services de l'intendance et de santé, au moment où ils quittent l'armée active par retraite ou démission ;

b) Les titulaires des mêmes grades dans la réserve ou dans l'armée territoriale ;

c) Les capitaines et les officiers d'administration de 1ʳᵉ classe des services précités, ayant passé six ans avec leur grade dans l'armée active avant de la quitter par retraite ou démission.

Les uns et les autres sont examinés et agréés par le directeur de l'intendance de la région, ainsi qu'il est dit à l'article 5.

Art. 7. Les candidats, visés aux articles 3, 4, 5 et 6 comme pouvant être admis sans examen préalable, doivent occuper ou avoir occupé l'une des fonctions suivantes :

Membres du Conseil d'État ;

Membres de la Cour des Comptes ;

Sous-préfets et secrétaires généraux de préfecture ;

Conseillers de préfecture ;

Employés supérieurs des diverses Administrations centrales, depuis le grade de sous-chef de bureau jusqu'à celui de chef de division ou sous-directeur.

Art. 8. Les fonctionnaires de l'intendance, retraités ou démissionnaires, sont pourvus d'emplois dans le cadre auxiliaire, de préférence à tous les autres candidats.

Pour ces derniers et pour chaque grade, il est établi deux tours de nomination : le premier tour revient à l'avancement, le second au recrutement.

Sont nommés au deuxième tour (recrutement), dans l'ordre indiqué ci-après, les candidats proposés, en vertu des articles 4, 5 et 6 ci-dessus, pour le grade de :

ATTACHÉ DE 1re CLASSE. (Article 4.)	ADJOINT A L'INTENDANCE. (Article 5.)	SOUS-INTENDANT DE 3e CLASSE. (Article 6.)
1° Les fonctionnaires visés à l'article 7 ;	1° Les fonctionnaires visés à l'article 7 ;	1° Les fonctionnaires visés à l'article 7 ;
2° Les lieutenants de réserve ou de l'armée territoriale ;	2° Les inspecteurs adjoints des eaux et forêts ;	2° Les inspecteurs des eaux et forêts ;
3° Les commissaires de 2e classe de la marine et des troupes coloniales.	3° Les capitaines provenant de l'armée active ;	3° Les chefs de bataillon ou d'escadron provenant de l'armée active ;
4° Les officiers d'administration de 2e classe de réserve ou de l'armée territoriale.	4° Les capitaines de réserve ou de l'armée territoriale ;	4° Les chefs de bataillon ou d'escadron de la réserve ou de l'armée territoriale ;
	5° Les commissaires de 1re classe de la marine et des troupes coloniales ;	5° Les officiers du commissariat de la marine et des troupes coloniales ;
	6° Les officiers d'administration de 1re classe provenant de l'armée active ;	6° Les officiers d'administration principaux provenant de l'armée active ;
	7° Les officiers d'administration de 1re classe de réserve ou de l'armée territoriale.	7° Les officiers d'administration principaux de la réserve ou de l'armée territoriale ;
		8° Les capitaines provenant de l'armée active ;
		9° Les officiers d'administration de 1re classe provenant de l'armée active.

Art. 9. Les ingénieurs des ponts et chaussées et les ingénieurs des mines peuvent être chargés, en temps de guerre, de fonctions dans le service de l'intendance, dans les conditions déterminés par le décret du 12 juillet 1890.

Art. 10. Les fonctionnaires de l'intendance et les officiers en retraite, dégagés de toute obligation militaire, peuvent demander leur réintégration ou leur nomination dans le cadre auxiliaire de l'intendance (avec le grade correspondant à celui qu'ils possédaient au moment de leur libération définitive de tout service), pour être affectés, en temps de guerre, à une sous-intendance territoriale établie dans une place déterminée par eux et située à proximité de leur résidence. Ces fonctionnaires, qui ne sont l'objet d'aucun changement d'affectation et n'accomplissent pas de période d'instruction, sont seulement tenus de se mettre en rapport suivi avec le fonctionnaire chargé, en temps de paix, de la sous-intendance à laquelle ils sont affectés.

Art. 11. Les demandes d'admission dans le cadre auxiliaire sont adressées :

1° Au directeur de l'intendance de la région de la résidence :

a) Par les sous-officiers de réserve ou de l'armée territoriale comptant au moins une année d'ancienneté de grade au moment du dépôt de la demande, et les anciens engagés conditionnels (Intermédiaire : général commandant la subdivision de la résidence). Les demandes des candidats de cette catégorie doivent être accompagnées d'un extrait de l'acte de naissance sur papier libre, et le général commandant la subdivision y joint un extrait du casier judiciaire ;

b) Par les officiers de l'armée active (troupes métropolitaines et troupes coloniales) en instance de retraite ou de démission (Intermédiaire : chef de corps ou de service) ;

c) Par les officiers de réserve et de l'armée territoriale (Intermédiaire : chef de corps ou directeur du service d'affectation) ;

d) Par les fonctionnaires et les officiers dégagés de toute obligation militaire (directement).

Pour les candidats visés aux paragraphes *b*) et *c*) ci-dessus, à l'exception des officiers d'administration du service de l'intendance, les demandes sont soumises, avant tout examen, à l'acceptation du Ministre ;

2° Au Ministre de la guerre (5ᵉ Direction) :

e) Par les officiers du commissariat de la marine retraités ou démissionnaires (Intermédiaire : Ministre de la marine) ;

f) Par les officiers du corps des chasseurs forestiers (Intermédiaire : Ministre de l'agriculture).

Les demandes des candidats de ces deux dernières catégories doivent être accompagnées d'un extrait de l'acte de naissance sur papier libre et d'une copie certifiée de l'état des services. Les agents des eaux et forêts produisent, en outre, un certificat délivré par le directeur de l'intendance qui a autorisé l'accomplissement du stage préalable (art. 5 et 6) et constatant les résultats de ce stage.

Art. 12. Les demandes des candidats pouvant être admis sans examen préalable sont transmises, à toute époque de l'année, au Ministre (5e Direction), par la voie hiérarchique, avec un rapport particulier (modèle n° 2 de l'instruction du 28 décembre 1898) ou un mémoire de proposition (modèle A du règlement du 16 juin 1897), suivant le cas.

Les demandes d'admission au concours pour le grade d'attaché de 1re classe ou de 2e classe doivent parvenir au directeur de l'intendance avant le 15 octobre. Elles sont soumises au Ministre avant le 15 novembre pour les candidats déjà pourvus du grade d'officier.

Art. 13. Le concours pour l'admission aux grades d'attaché a lieu annuellement à Paris, à Lyon et au chef-lieu de chaque région de corps d'armée ou division, en Algérie et en Tunisie ; les épreuves commencent le troisième lundi du mois de février.

Les connaissances exigées des candidats sont indiquées au programme n° 1, annexé à la présente instruction.

Les candidats admis à concourir reçoivent du directeur de l'intendance des ordres de convocation qui leur servent de titres pour obtenir le tarif militaire sur les chemins de fer, mais ne leur ouvrent aucun droit à une solde ou à une indemnité quelconque. Cette disposition s'applique également aux candidats visés aux articles 5 et 6 (3°).

Art. 14. Les épreuves du concours aux grades d'attaché sont subies devant une commission présidée par le directeur de l'intendance de la région et composée d'un colonel ou d'un lieutenant-colonel et d'un sous-intendant militaire, désignés par le gouverneur militaire, le général commandant le corps d'armée ou la division en Algérie et en Tunisie.

Les épreuves comprennent :

1° Une épreuve d'équitation, qui est éliminatoire ;

2° Une composition écrite (portant sur les diverses parties du programme), dont le sujet est adressé aux commissions d'examen par le Comité technique de l'intendance ;

3° Un examen oral ;

4° Un examen facultatif sur la connaissance de la langue allemande ou de toute autre langue étrangère.

Pour l'appréciation des candidats, il est attribué des notes distinctes :

1º A l'équitation;
2º A la composition écrite;
3º A l'examen oral;
4º A l'examen d'allemand;
5º A l'examen d'autres langues;
6º A l'aptitude générale.

L'échelle de notation est la suivante :

Nul.	0.
Très mal. . . .	1, 2.
Mal.	3, 4, 5.
Faible	6, 7, 8.
Passable	9, 10, 11.
Assez bien . . .	12, 13, 14.
Bien	15, 16, 17.
Très bien . . .	18, 19.
Parfait.	20.

Le nombre de points, applicable à chaque épreuve, résulte du produit obtenu en multiplant les notes respectivement par les coefficients indiqués ci-après :

Équitation	8.
Composition écrite.	30.
Examen oral	20.
Allemand.	5.
Autre langue étrangère. . .	1.
Aptitude générale.	10.

Le diplôme de licencié en droit est compté pour 50 points; celui de docteur en droit pour 75 points.

L'épreuve d'équitation est subie avant toutes les autres; les candidats, qui n'y ont pas obtenu au moins la note 9 ne sont pas admis à poursuivre le concours.

Sont seuls déclarés admissibles les candidats ayant réuni, au minimum, pour l'ensemble des épreuves, 790 points, y compris ceux obtenus en équitation et en langues étrangères et ceux provenant de la majoration attribuée à la possession d'un diplôme en droit.

Toutefois, les épreuves sur les langues étrangères n'entrent pas en ligne de compte si la note obtenue est inférieure à 9.

Art. 15. Les commissions locales apprécient les résultats de l'examen oral et de l'épreuve d'équitation ainsi que l'aptitude physique et morale.

Elles établissent deux classements distincts :

1º Pour le grade d'attaché de 2ᵉ classe ;

2º Pour le grade d'attaché de 1ʳᵉ classe.

Dans les quinze jours qui suivent le concours, leur travail est adressé au Ministre (5ᵉ Direction), avec un procès-verbal pour chacun des grades d'attaché (modèles nᵒˢ 1 et 2), auquel sont annexées, dans une chemise (modèle nº 3), les pièces des candidats.

Le soin d'apprécier les compositions écrites et les services antérieurs est réservé au Comité technique de l'intendance, qui applique le coefficient, réservé à l'aptitude générale, à la moyenne des notes données à l'aptitude physique et morale et aux services antérieurs.

Le Comité établit pour chaque grade et soumet au Ministre la liste des candidats par ordre de mérite d'après le total des points obtenus.

Le Ministre arrête les listes définitives d'aptitude et fait notifier les résultats du concours aux intéressés, par l'intermédiaire des présidents des commissions d'examen.

Les candidats sont nommés au fur et à mesure des besoins, et dans les conditions indiquées à l'article 8.

CHAPITRE II.

OFFICIERS D'ADMINISTRATION.

Art. 16. Les officiers d'administration se recrutent :

1º *Sans examen préalable*, parmi :

a) Les officiers d'administration du service de l'intendance, retraités, qui peuvent recevoir un emploi du grade dont ils étaient pourvus dans l'armée active ;

b) Les officiers d'administration de l'armée active, du même service, démissionnaires, qui peuvent, sur leur demande, être nommés à leur ancien grade ;

c) Les adjudants des sections de commis et ouvriers militaires d'administration, libérés du service actif, et les sergents-majors et sergents des mêmes sections, retraités après quinze ans de service.

2º *Après un examen d'aptitude*, parmi :

d) Les sous-lieutenants et les officiers d'administration de

3º classe du service de santé, appartenant à la réserve ou à l'armée territoriale ;

e) Les sous-officiers, autres que ceux visés au paragraphe *c*), appartenant à la réserve ou à l'armée territoriale, provenant ou non des sections de commis et ouvriers militaires d'administration, qui ont accompli deux années de service dans le grade de sous-officier, soit dans l'armée active, soit dans la réserve, soit dans l'armée territoriale ;

f) Les anciens engagés conditionnels d'un an.

Les candidats, qui n'ont pas à subir d'examen, sont nommés avant ceux qui sont assujettis à l'examen d'aptitude.

Art. 17. Les candidats, astreints à l'examen d'aptitude, sauf ceux qui proviennent des sections de commis et ouvriers militaires d'administration, doivent exercer l'une des professions suivantes :

Bureaux de l'intendance. — Notaire, avoué, banquier, agent de change, courtier, commissionnaire, agent d'assurances, comptable, caissier et autres professions marquant l'aptitude aux travaux de rédaction et de comptabilité.

Subsistances. — Négociant en grains, farines, fourrages, vins, denrées alimentaires, combustibles ; agriculteur, meunier, minotier, boulanger, éleveur ou marchand de bestiaux, mécanicien, constructeur, ajusteur, entrepreneur de transports et autres professions pouvant être utilisées dans les subsistances militaires.

Habillement et Campement. — Manufacturier ou négociant en tissus, vêtements, cuirs, chaussures, équipement de chasse ou de voyage, ferblanterie, sellerie et autres professions pouvant être utilisées dans l'habillement, le campement et l'équipement militaires.

Art. 18. On procède, chaque année, dans les sections de commis et ouvriers militaires d'administration, suivant les prescriptions des titres I et III du règlement ministériel du 16 juin 1897, pour désigner les candidats aptes à l'emploi d'officier d'administration de 3ᵉ classe du cadre auxiliaire.

Art. 19. Les demandes des candidats, libérés du service actif, qui désirent obtenir le certificat d'aptitude, sont adressées avant le 1ᵉʳ mars, terme de rigueur, au directeur de l'intendance de la région de leur résidence, par l'intermédiaire du général commandant la subdivision, en ce qui concerne les sous-officiers et les anciens engagés conditionnels d'un an, et par l'intermédiaire du chef de corps ou directeur du service d'affectation, pour les officiers.

Les demandes des sous-officiers, autres que ceux visés au § *c*) de l'article 16, et des anciens engagés conditionnels d'un an doivent être accompagnées des pièces visées au deuxième alinéa du § *a*) de l'article 11 et, pour ceux ne provenant pas des sections de commis et ouvriers militaires d'administration, d'un certificat de l'autorité civile, constatant qu'ils exercent l'une des professions exigées. Les candidats, pourvus du grade de sous-lieutenant ou d'officier d'administration de 3ᵉ classe du service de santé, produisent seulement le certificat visé ci-dessus, avec une offre de démission conditionnelle établie dans la forme suivante :

« Je soussigné (nom, grade, corps), candidat à un emploi dans
« le cadre auxiliaire du service de l'intendance, offre ma démis-
« sion du grade qui m'a été conféré, par décret du (indiquer la
« date), dans le cadre des officiers (de réserve ou de l'armée terri-
« toriale), dans le cas où je serais nommé à l'emploi que je
« sollicite.

« Je déclare, en conséquence, renoncer volontairement et d'une
« manière absolue, aux prérogatives attachées à ce grade. »

A   , le   19 .

(Signature.)

La candidature de ceux qui sont déjà pourvus d'un grade d'officier dans la réserve ou dans l'armée territoriale est soumise, avant le 1ᵉʳ avril, à l'acceptation du Ministre (5ᵉ Direction).

Art. 20. L'aptitude au grade d'officier d'administration de 3ᵉ classe est constatée par une commission composée d'un sous-intendant militaire et de deux officiers d'administration du cadre actif, désignés par le directeur de l'intendance, et fonctionnant à la portion centrale de la section.

Les sous-officiers, provenant des sections de commis et ouvriers militaires d'administration et non encore pourvus du certificat d'aptitude, subissent les épreuves au moment des périodes de convocation ; les autres sous-officiers, les anciens engagés condi-tionnels et les officiers de réserve et de l'armée territoriale sont convoqués à l'époque des examens d'aptitude des hommes des sections de commis et ouvriers militaires d'administration, libé-rables dans l'année, c'est-à-dire dans le mois qui précède la libé-ration de la classe.

Les dispositions du troisième paragraphe de l'article 13 sont applicables aux candidats au grade d'officier d'administration de 3ᵉ classe.

Art. 21. L'examen porte sur les connaissances indiquées dans le programme n°. 2, annexé à la présente instruction. Il comprend :

1° Une composition écrite sur la première partie du programme ;

2° Un examen oral portant exclusivement sur la deuxième partie et sur les connaissances afférentes à la section du service de l'intendance dans laquelle le candidat désire entrer et en rapport avec sa profession.

Le certificat d'aptitude est délivré par le sous-intendant président de la commission d'examen ; il est accepté et visé comme il est dit à l'article 5 modifié du règlement du 16 juin 1897.

Art. 22. Les rapports particuliers (modèle n° 2 annexé à l'instruction du 28 décembre 1898) et les mémoires de proposition (modèle A annexé au règlement du 16 juin 1897) sont établis, savoir :

1° Par le directeur de l'intendance du corps d'armée d'affectation, pour :

a) Les officiers d'administration du service de l'intendance, en instance de retraite ;

b) Les officiers d'administration de l'armée active du même service, en instance de démission ;

c) Les adjudants des sections de commis et ouvriers militaires d'administration, au moment de leur libération, et les autres sous-officiers des mêmes sections, retraités après quinze ans de service ;

d) Les sous-officiers des sections de commis et ouvriers militaires d'administration, libérables avec les hommes de leur classe et comptant, à ce moment, plus d'un an de grade de sous-officier ;

2° Par le directeur de l'intendance de la région du domicile, pour :

e) Les officiers de réserve et de l'armée territoriale ;

f) Les sous-officiers autres que ceux visés aux paragraphes *c*) et *d*), et comptant plus d'un an de grade de sous-officier ;

g) Les anciens engagés conditionnels d'un an.

Les mémoires de proposition sont soumis au général commandant le corps d'armée, qui statue. Les propositions acceptées par le général commandant le corps d'armée et les rapports particuliers sont adressés au Ministre (5ᵉ Direction), à toute époque de l'année pour les candidats visés aux paragraphes *a*), *b*), *c*), et, le 15 novembre, au plus tard, accompagnés des pièces réglementaires, pour tous les autres candidats.

CHAPITRE III.

ADJUDANTS.

Art. 23. Le cadre auxiliaire de l'intendance est complété, pour le temps de guerre, par des adjudants de réserve et de l'armée territoriale, qui se recrutent, par voie d'examen, dans les sections de commis et ouvriers militaires d'administration, dans les conditions déterminées aux art. 10 et 11 du règlement du 16 juin 1897.

Sont admis à subir les examens pour l'obtention du certificat d'aptitude à l'emploi d'adjudant, les sous-officiers libérables, non susceptibles de concourir pour le grade d'officier d'administration et les mieux notés au point de vue de la conduite, de la tenue, de l'aptitude au commandement, ainsi qu'au point de vue des connaissances pratiques acquises pendant la durée de leur service actif.

Les examens ont lieu, dans le courant du mois qui précède le renvoi de la classe, devant la commission prévue à l'article 20 ; les conditions en sont indiquées au programme nº 5 annexé à la présente instruction.

Pour l'appréciation des candidats, la commission tient le plus large compte des notes antérieures ainsi que des services rendus.

Les sous-officiers, pourvus du certificat d'aptitude, sont inscrits, pour chacune des sections du service de l'intendance, par ordre de mérite, sur la liste d'aptitude à l'emploi d'adjudant du cadre auxiliaire.

Le directeur de l'intendance nomme, dans l'ordre de la liste, aux emplois devenus vacants dans les services dont il a à assurer la mobilisation. Ces nominations ne sont faites qu'à la suite des périodes d'exercice (modèle nº 4, annexé à la présente instruction).

Le directeur de l'intendance tient le contrôle des adjudants domiciliés dans la région et des sergents classés pour l'emploi. Ce contrôle, pour chaque section du service de l'intendance, est distinct pour la réserve et pour l'armée territoriale ; les sous-officiers y sont inscrits par classe de mobilisation.

Chaque région doit, en principe, pourvoir, à l'aide de ses ressources, au recrutement du nombre d'adjudants correspondant aux fixations déterminées par le Ministre.

En cas d'insuffisance dans une région, le Ministre désigne la région appelée à fournir le complément ; la commission d'adjudant est alors délivrée par le directeur de l'intendance de la région du domicile, qui reste chargé de mobiliser ce personnel et de le mettre en route pour sa destination.

TITRE III.

AVANCEMENT.

Art. 24. Les propositions, dont peuvent être l'objet les adjoints et les attachés à l'intendance ainsi que les officiers d'administration du cadre auxiliaire, sont établies comme il est prévu au § 2 du titre VII du règlement du 16 juin 1897.

Les épreuves à subir par les candidats aux grades d'adjoint à l'intendance, de sous-intendant militaire de 3e classe et d'officier d'administration de 1re classe portent sur les matières des programmes no 2 et 4 annexés à la présente instruction.

Les candidats sont admis à subir les épreuves dans l'année qui précède celle où ils doivent avoir accompli les années de grade exigées par le décret du 7 décembre 1894, modifié les 5 septembre 1897 et 20 juin 1900.

La commission d'examen, dont tous les membres doivent faire partie de l'armée active, est présidée par le directeur de l'intendance, qui peut déléguer à cet effet un sous-intendant militaire de 1re classe ; elle se compose de :

1o Un sous-intendant militaire ;
2o Un fonctionnaire de l'intendance (pour les attachés et les adjoints à l'intendance), ou un officier d'administration (pour les officiers d'administration), pourvu d'un grade supérieur à celui du candidat.

> Désignés par le directeur de l'intendance

Un certificat, conforme au modèle no 5 annexé à la présente instruction et faisant connaître par la mention « bien » ou « très bien » les résultats des épreuves, est délivré au candidat, et une copie, conforme à ce certificat, est remise au directeur de l'intendance du corps d'armée d'affectation, pour être annexée ultérieurement à la proposition.

TITRE IV.

INSTRUCTION.

Art. 25. Les ordres de convocation pour les périodes d'instruction sont adressés par le directeur de l'intendance.

Les agents des eaux et forêts sont astreints à des périodes d'instruction dans les mêmes conditions que les autres fonctionnaires, mais leur convocation ne peut avoir lieu qu'après entente entre les directeurs de l'intendance et les chefs hiérarchiques de ces agents, de manière que l'époque de leur appel se concilie avec les exigences de leur service normal.

Art. 26. Les fonctionnaires, les attachés et les officiers d'administration, affectés à des formations désignées pour prendre part à des manœuvres, sont appelés à suivre ces manœuvres, à moins qu'ils n'aient déjà été convoqués l'année précédente.

A cet effet, aussitôt que les dispositions ministérielles relatives aux manœuvres ont été notifiées, le directeur de l'intendance fait connaître au Ministre (5e Direction, 1er Bureau), dans un état (modèle nº 6 ci-annexé), le montant détaillé des crédits nécessaires pour la convocation des fonctionnaires, des attachés et des officiers d'administration.

En attendant la notification des crédits mis à sa disposition, le directeur de l'intendance peut adresser des convocations pour des périodes d'instruction, sans toutefois que la proportion des dépenses à engager de ce chef dépasse le tiers du montant des crédits alloués, l'année précédente, pour les périodes normales d'instruction, à l'exclusion des crédits spéciaux aux manœuvres.

Dans les régions où l'on fabrique des conserves de viande, des officiers d'administration du cadre auxiliaire (subsistances) doivent être convoqués, à défaut d'officiers d'administration du cadre d'activité. Il est tenu compte de ces besoins dans la demande annuelle de crédits.

Les fonctionnaires et les officiers d'administration du cadre auxiliaire, appelés à exercer, à la mobilisation, les fonctions de chef de service dans une sous-intendance ou dans un établissement du territoire, font leur période d'instruction dans cette sous-intendance ou cet établissement.

La convocation des fonctionnaires est prévue, de préférence, pour l'époque où le sous-intendant du cadre actif, titulaire de la sous-intendance, doit s'absenter (Conseil de revision, manœuvres, etc.).

Tous les officiers d'administration du cadre auxiliaire, affectés aux stations haltes-repas, sont appelés à l'époque des expériences qui se font dans lesdites stations.

Les fonctionnaires, les attachés et les officiers d'administration, non appelés à exercer, à la mobilisation, les fonctions de chef de service ou qui ne doivent pas prendre part aux manœuvres, sont convoqués, autant que possible, au chef-lieu du corps d'armée ou de la division et répartis dans les sous-intendances et les établissements, pour y participer à l'exécution générale du service.

Ils assistent, en outre, à des séances d'instruction théorique et pratique.

Art. 27. Les fonctionnaires, affectés à des sous-intendances territoriales, font partie du Comité de ravitaillement du département dans lequel ils résident. Il est tenu compte de leur assiduité aux séances de ce Comité pour les propositions qui peuvent être établies en leur faveur. A cet effet, le relevé de notes de ces fonctionnaires relate :

1º Le nombre de séances tenues par le Comité (du 1er mai au 30 avril suivant);

2º Le nombre des séances auxquelles ils ont assisté.

Cette mention est portée, à la diligence du directeur de l'intendance de la région où réside l'intéressé, dans la première partie du relevé de notes.

Les préfets sont informés, par les soins du Ministre, du nom des fonctionnaires résidant dans leur département, qu'il y a lieu de convoquer aux séances du Comité.

Les mêmes indications sont fournies aux directeurs de l'intendance pour les fonctionnaires résidant dans leur région et affectés à une autre région.

Pour ceux de ces fonctionnaires qui ne résident pas au chef-lieu du département, le préfet établit les convocations, mais les remet au sous-intendant du cadre actif, membre du Comité. Celui-ci remplit les formalités prévues par le paragraphe 1 des « Dispositions particulières » de l'instruction du 26 janvier 1895 (*B. O.* volume 100, page 97), pour faire obtenir une réduction de tarif sur les voies ferrées au fonctionnaire du cadre auxiliaire, auquel il fait parvenir simultanément la convocation et le bon de réduction.

Lorsque, dans un département où est organisée une conférence aux présidents des Commissions de réception du ravitaillement, la sous-intendance à qui incomberait le service du ravitaillement doit être dirigée par un fonctionnaire ne provenant pas du cadre actif, ce fonctionnaire est appelé à collaborer à la préparation de la conférence et à y assister, à moins que des circonstances particulières (obligations d'un emploi civil, convocation antérieure trop récente, etc.) ne s'y opposent.

Les directeurs de l'intendance réservent, pour ces convocations spéciales, dont, par raison d'économie, la durée est réduite au nombre de jours strictement indispensable, une portion des crédits mis à leur disposition pour les appels du personnel du cadre auxiliaire.

Les ingénieurs des ponts et chaussées ou des mines, pourvus de fonctions dans le service de l'intendance, sont invités à assister aux conférences faites aux présidents des Commissions de réception du ravitaillement, lorsque ces conférences ont lieu dans leur résidence.

Art. 28. L'instruction du 21 mars 1898 est abrogée.

PROGRAMMES

PROGRAMME N° 1.

Connaissances exigées des candidats au concours pour l'admission dans le cadre auxiliaire (attachés de 1re et de 2e classes).

Nota. — On insistera particulièrement sur les dispositions applicables en temps de guerre.

Loi sur l'organisation générale de l'armée.

Loi relative à la constitution des cadres et des effectifs de l'armée active et de l'armée territoriale.

Loi sur le recrutement de l'armée.

Loi sur l'état des officiers. — Décret portant règlement sur l'état des officiers de la réserve et de l'armée territoriale.

Loi sur l'administration de l'armée. — Décret portant règlement pour l'exécution de la loi sur l'administration de l'armée, en ce qui concerne le service de l'intendance. — Instructions pour l'application du décret qui précède (dispositions particulières au temps de paix et au temps de guerre).

Loi relative aux réquisitions.

Décrets portant règlement sur le service dans les places de guerre et les villes ouvertes et sur le service des armées en campagne (dispositions intéressant le service de l'intendance).

Décrets sur les adjudications et marchés passés au nom de l'État.

Instruction sur le service des subsistances en campagne.

Instruction sur l'alimentation dans les centres de mobilisation.

Instruction sur l'alimentation en campagne.

Instruction sur les boulangeries de campagne.

Instruction sur l'alimentation et le ravitaillement en viande des troupes en campagne.

Instruction concernant les officiers d'approvisionnement.

Décret portant organisation générale des services de l'arrière aux armées et règlement sur les transports stratégiques par chemins de fer (dispositions concernant le service de ravitaillement et les transports du matériel militaire sans troupe).

Instruction sur le service des étapes et annexe IV à ladite instruction (dispositions intéressant le service de l'intendance).

Instruction relative au commandement et à l'administration des détachements d'ouvriers militaires d'administration, aux armées en campagne.

Notions de topographie.

Lecture des cartes-reconnaissance des localités au point de vue du service de l'intendance.

PROGRAMME N° 2.

Connaissances exigées des attachés de 1re classe et des adjoints du cadre auxiliaire proposés pour l'avancement.

NOTA. — Ce programme servira de base aux études à poursuivre, pendant les périodes d'instruction et les stages et aux écoles d'instruction, de manière à préparer les candidats à l'avancement au moyen de conférences, travaux sur la carte, visites d'établissements, etc.

PREMIÈRE PARTIE.

DISPOSITIONS APPLICABLES AU TEMPS DE PAIX ET AU TEMPS DE GUERRE.

Loi sur le recrutement de l'armée.

Dispositions relatives au rengagement des sous-officiers.

Dispositions relatives aux pensions et aux congés de réforme.

Principes généraux de la comptabilité des dépenses du département de la guerre.

Règles générales de la comptabilité-matières.

Service de la solde (principales dispositions relatives aux prestations en deniers et en nature : règles relatives aux ordonnancements et aux payements, règlement des dépenses, dispositions concernant les officiers sans troupe et les corps de troupe).

Service des frais de route des militaires isolés.

Service des transports sur les voies ferrées.

Service des convois militaires à l'intérieur.

DEUXIÈME PARTIE.

DISPOSITIONS SPÉCIALES AU TEMPS DE GUERRE.

Rôle, attributions des fonctionnaires de l'intendance aux armées. Leurs rapports avec le commandement.

État civil aux armées.

Comptabilité des corps de troupe en campagne.

Service de l'habillement dans les corps de troupe en temps de guerre.

Service des subsistances militaires en campagne.

Service de l'alimentation en campagne.

Organisation générale des services de l'arrière aux armées.

Fonctionnement général du service de ravitaillement et d'évacuation des armées.

Du service de l'intendance aux étapes.

PROGRAMME N° 3.

Connaissances exigées des candidats à l'admission dans le cadre auxiliaire (Officiers d'administration).

PREMIÈRE PARTIE.

CONNAISSANCES COMMUNES AUX TROIS SECTIONS DU SERVICE
DE L'INTENDANCE.

Loi relative à l'organisation générale de l'armée.

Loi sur l'administration de l'armée, décret pour l'application de la loi, instruction pour l'application du décret (principes généraux de l'administration de l'armée, attributions générales des fonctionnaires de l'intendance, attributions particulières des officiers d'administration).

Décret portant règlement sur le service intérieur des troupes d'infanterie (principes généraux de la subordination, chapitres 36, 38, 43 à 56, 59 et 60).

Décret portant règlement sur le service dans les places de guerre et les villes ouvertes (chapitres 7, 17, 26, 30 et 40).

Règlements sur la comptabilité des dépenses et sur la comptabilité des matières du département de la guerre (principes généraux).

Décret portant règlement sur l'état des officiers de réserve et des officiers de l'armée territoriale.

DEUXIÈME PARTIE.

CONNAISSANCES PARTICULIÈRES A CHAQUE SECTION.

I. — BUREAUX DE L'INTENDANCE.

Bureaux de l'intendance. — Instruction sur le classement des affaires et des archives dans le service de l'intendance. Registres à tenir dans une sous-intendance.

Fonds et comptabilité générale. — Décrets et règlements sur la comptabilité publique, sur la comptabilité de la guerre et sur les marchés.

Comptabilité matières. — Règlement sur la comptabilité-matières (dispositions générales).

Solde. — Règlement sur le service de la solde (Principes généraux).

Administration intérieure des corps de troupe. — Notions générales sur l'administration intérieure des troupes.

Service de marche et des transports. — Décrets sur les frais de route. Règlement sur les transports militaires et traité pour leur exécution. Règlement sur les convois.

II. — SUBSISTANCES.

a) Connaissances communes à toutes les professions.

Instruction sur le service des subsistances en temps de paix (Principes généraux).

Instruction sur le service des subsistances en campagne.

Instruction sur l'alimentation en campagne.

Instruction concernant les officiers d'approvisionnement.

Instruction sur l'alimentation pendant les transports en chemin de fer (organisation et fonctionnement des haltes-repas).

b) Connaissances particulières à chaque profession.

1º *Commerce de la boulangerie.* — Règlement sur l'organisation, le rôle et l'emploi des boulangeries de campagne et instruction sur leur fonctionnement technique.

Notice nº 6 du service des subsistances sur les farines.

Notice nº 7 du service des subsistances sur la fabrication du pain ordinaire et du pain biscuité.

Notice nº 9 du service des subsistances sur la fabrication du pain de guerre.

2º *Commerce de la boucherie.* — Instruction sur l'alimentation et le ravitaillement en viande des troupes en campagne.

Notice nº 12 du service des subsistances sur les viandes de boucherie.

Notice nº 13 du service des subsistances sur les conserves de viande (chapitres 1er, 3 et 4e).

3º *Commerce de la grainerie et des denrées fourragères.* — Notice nº 5 du service des subsistances sur les blés.

Notice nº 14 du service des subsistances sur les fourrages.

4° *Meunerie et minoterie.* — Notices du service des subsistances n° 3 sur les moulins et moutures; n° 5 sur les blés; n° 6 sur les farines;

5° *Mécaniciens.* — Notice n° 2 du service des subsistances sur les moteurs employés dans les établissements administratifs.

6° *Commerce de l'épicerie, des vins et spiritueux.* — Notice n° 10 du service des subsistances sur les vivres de campagne ou petits vivres;

Notice n° 11 du service des subsistances sur les liquides.

7° *Commerce des bois et des houilles.* — Notice n° 15 du service des subsistances (combustibles de chauffage);

8° *Comptables.* — Les comptables sont interrogés sur les matières correspondant à la branche d'industrie ou de commerce, dans laquelle ils sont employés, et non sur la comptabilité industrielle ou commerciale.

III. — HABILLEMENT ET CAMPEMENT.

a) Connaissances communes à toutes les professions.

Organisation générale des magasins administratifs. Cahiers des charges pour la fourniture des draps, des toiles, et pour les entreprises de confection ou de fournitures d'effets du service de l'habillement des troupes métropolitaines. Instruction sur la vérification et la réception des matières et effets nécessaires pour l'exécution du service de l'habillement (Partie administrative seulement, la partie technique étant comprise dans les connaissances à exiger de chaque profession).

Règlement et instruction sur le service de l'habillement dans les corps de troupe (Notions générales).

Instruction sur le service de l'habillement dans les corps de troupe en temps de guerre (Notions générales).

Instruction relative au fonctionnement des gares de rassemblement des stations de transition.

b) Connaissances particulières à chaque profession.

1° *Industrie et commerce des draps.* — Notions générales sur la fabrication des draps;

Réception et vérification des étoffes de laine. Mode de fourniture. Conditions imposées aux fabricants. Surveillance des usines. Décatissage en magasin.

Métrage, pesage, épreuves dynamométriques. Épreuve des couleurs à l'aide des procédés chimiques. Signes distinctifs d'une bonne fabrication. Défauts réparables et irréparables. Évaluation des tares. Commission de vérification.

2° *Industrie et commerce des toiles.* — Notions générales sur la fabrication des toiles.

Réception et vérification des tissus. Toiles employées dans l'administration militaire. Conditions imposées aux fabricants. Mode de livraison. Surveillance des usines. Épreuves applicables aux tissus de coton. Épreuves de lessivage.

Essais dynamométriques. Emploi du compte-fils. Signes distinctifs d'une bonne fabrication. Défauts réparables et irréparables. Évaluation des tares. Conservation des toiles en magasin. Toiles d'emballage. Conditions de bonne qualité.

3° *Industrie des cuirs, chaussures et effets d'équipement.* — Fabrication des cuirs : matières employées. Appareils divers. Opérations principales.

Notions générales sur la confection des chaussures : procédés de fabrication en usage. Énumération des pièces qui composent les chaussures militaires. Pointures.

Vérification des pièces séparées de chaussures avant la confection.

Vérification des chaussures terminées : Emploi du palmamètre. Défauts réparables et irréparables. Mode de fourniture des chaussures. Conditions imposées aux fabricants. Surveillance des usines. Mode d'entretien des chaussures en magasin.

Confection, vérification, réception, etc. des effets en cuir de grand équipement. Notions sommaires. Choix et emploi des matières. Coupe et confection des principaux effets. Épreuve permettant de s'assurer de la bonne condition.

4° *Industrie des métaux.* — Application des métaux à la fabrication du matériel. Fabrication des ustensiles de campement : marmites, gamelles, bidons, moulins à café ; découpage, emboutissage, agrafage, étamage, soudures.

Fabrication des accessoires en cuivre, de coiffure et de grand équipement : plaques, agrafes, boucles, grenades, crochets, etc. Fabrication des casques, outils de campement : pelles, pioches, haches, serpes, masses, etc.

5° *Comptables.* — Les comptables sont interrogés sur les matières correspondant à la branche d'industrie ou de commerce, dans laquelle ils sont employés, et non sur la comptabilité industrielle ou commerciale.

PROGRAMME N° 4.

Connaissances exigées des officiers d'administration de 2° classe du cadre auxiliaire proposés pour l'avancement.

Ces connaissances, les mêmes que celles qui font l'objet du programme n° 3, servent également de base aux études à poursuivre, pendant les périodes d'instruction et les stages et aux écoles d'instruction, au moyen de conférences, de travaux pratiques, de visites d'établissements, etc.

PROGRAMME N° 5.

Connaissances exigées des candidats à l'emploi d'adjudant d'administration du cadre auxiliaire.

Les candidats sont admis à choisir la section du service de l'intendance pour laquelle ils désirent concourir.

Les épreuves comportent un examen écrit et un examen oral.

L'examen écrit comprend pour tous les candidats sans exception :

1° Une composition sur un sujet tiré de la première partie du programme ;

2° Deux problèmes d'arithmétique : un sur les quatre règles, un sur le système métrique.

L'orthographe, l'écriture et la manière de chiffrer exercent une influence sur la note à attribuer à l'épreuve écrite.

L'examen oral porte exclusivement sur la deuxième partie du programme et sur les connaissances afférentes à la section du service dans laquelle le candidat désire entrer et en rapport avec sa profession et avec l'emploi qu'il a occupé pendant son séjour sous les drapeaux.

Le certificat d'aptitude est délivré par le sous-intendant président de la commission d'examen ; il est accepté et visé comme il est dit à l'article 5 modifié de l'instruction du 16 juin 1897.

PREMIÈRE PARTIE.

CONNAISSANCES COMMUNES AUX CANDIDATS DES TROIS SECTIONS.

I. — Principes généraux de l'organisation de l'armée.

II. — Principes généraux de la subordination.

III. — Attributions générales des fonctionnaires de l'intendance et des officiers d'administration des trois sections du service de l'intendance.

IV. — Principes généraux de la comptabilité-deniers et de la comptabilité-matières.

DEUXIÈME PARTIE.

CONNAISSANCES PARTICULIÈRES A CHAQUE SECTION.

I. — BUREAUX DE L'INTENDANCE.

Les candidats doivent surtout faire preuve de connaissances pratiques.

1° *Bureaux de l'intendance.* — Organisation et fonctionnement Enregistrement de la correspondance à l'arrivée et au départ. Classement des pièces d'archives. Catalogues des décisions de principe. Principaux registres : leur objet.

2° *Comptabilité générale.* — Registre de fonds : ses divisions. Demandes de fonds. Sous-délégations des crédits. Enregistrement des crédits, des ordonnancements. Comptabilité mensuelle des fonds. Établissement d'un ordre de reversement : enregistrement du récépissé.

3° *Comptabilité-matières.* — Registres des entrées et sorties. Comptes de gestion. Principe de leur vérification.

4° *Solde.* — Vérification et arrêté des situations administratives. Principales règles d'allocation. Indemnité d'entrée en campagne. Premières mises d'équipement.

États de solde des officiers, de la troupe. Mandats des officiers sans troupe. Livrets de solde. Enregistrement au registre des fonds.

Enregistrement des pièces d'imputation. Destination à leur donner.

5° *Administration des corps de troupe.* — Comptabilité deniers et matières soumise à la vérification des sous-intendants. Registre-journal des recettes et dépenses. Registre de centralisation. Registres de l'habillement. Relevés des dépenses. Principes de leur vérification.

6° *Service de marche.* — Son objet. Registres de route. Feuilles de route individuelles, pour corps et détachements. Autorités qui les délivrent; sur le vu de quel titre. Bon de convoi. Bon de chemin de fer.

Dépenses du service des frais de route, indemnités diverses : indemnité journalière, règles d'allocation.

Payement des frais de route dans les corps par les sous-intendants. Mandats d'indemnité de route. Barêmes.

Régularisation de la comptabilité. Relevés sommaires. Bulletins de rejet.

7° *Service des transports.* — Son objet. Transports particuliers. Transports ordinaires. Vitesses prévues. Pièces à établir pour l'exécution d'un transport. Ordre de transport. Avis d'expédition et lettre de voiture. Registre H. Formalités au départ. Formalités à l'arrivée. Pertes et avaries.

II. — SUBSISTANCES.

Les candidats doivent avoir des connaissances générales sur toutes les parties du service et faire preuve, en outre, de connaissances spéciales pratiques en rapport avec leur profession et avec l'emploi qu'ils ont occupé pendant leur séjour sous les drapeaux. Des échantillons de denrées peuvent leur être présentés ; ils ont à les apprécier.

a) Connaissances communes à toutes les professions.

1° Instruction du 29 septembre 1888, relative au commandement et à l'administration des détachements d'ouvriers militaires d'administration, aux armées en campagne.

2° Principaux détachements fournis par les sections de commis et ouvriers militaires d'administration, à la mobilisation.

3° Notions générales sur le fonctionnement du service des subsistances, en temps de paix et en temps de guerre, comprenant : la connaissance générale de la qualité des denrées, de leur mode d'emmagasinement et d'entretien, des manœuvres de conservation.

L'exécution du service des transports, des réceptions et des distributions de denrées.

L'administration d'un détachement au point de vue de l'ordinaire et du prêt.

4° Notions générales sur le matériel en usage dans le service des subsistances en campagne.

Montage et démontage des tentes ; installation des fours portatifs.

b) Connaissances pratiques particulières à chaque profession ou emploi spécial.

1° *Boulangers.* — Caractères et entretien des diverses farines. Fabrication du pain ordinaire et du pain biscuité.

Conduite de la fabrication d'une fournée de pain, jusques et y compris l'établissement du rendement. Proportion de chaque élément à employer. Raisonner les diverses opérations : levains, pétrissage, pâtons apprêt, enfournement, cuisson, défournement, ressuage.

Chauffage des fours. Divers modes. Essences de bois à préférer. Température du four au moment de l'enfournement. Moyen de reconnaître si le four est assez chaud.

Transport du pain en chemin de fer, par voitures. Durée de conservation.

Notions sur le matériel des boulangeries de campagne ;

2° *Bouchers*. — Moyens de reconnaître le poids et la qualité des bêtes sur pied. Installation d'un parc à bestiaux. Conduite d'un troupeau. Rendement en viande distribuable des bœufs, vaches, veaux, moutons, porcs.

Qualité de la viande fraîche abattue.

Divers instruments employés pour l'abatage des bestiaux et la distribution de la viande.

Indiquer les diverses phases de l'abatage d'un bœuf, ainsi que la manière dont il doit être découpé, en nommant les morceaux dont il se compose.

3° *Grains et fourrages*. — Blé. Avoine. Foin. Paille.

Caractères d'une bonne denrée. Poids spécifique des grains. Mode de conservation. Altérations. Moyens de combattre les insectes qui attaquent les grains. Appareils en usage pour les distributions.

4° *Meuniers*. — Diverses parties d'un moulin à meules, à cylindres. Différences entre ces deux moutures : leur conduite. Qualité des produits obtenus : farines et sons.

Notions générales sur les divers moteurs qui actionnent les moulins.

5° *Mécaniciens*. — Notions générales sur les machines, leur conduite et les réparations courantes.

Le candidat est questionné sur les machines qu'il a été appelé à faire fonctionner.

6° *Epicerie, vins, spiritueux*. — Signes distinctifs du riz, des légumes secs, du sel, du sucre, du café vert de bonne qualité. Altérations. Conservation.

Décrire et, au besoin, diriger une opération de torréfaction de café vert.

Caractères d'un bon vin. Falsifications et altérations. Soins à donner aux vins.

Caractère d'un alcool de bonne qualité. Logement. Moyens de conservation. Transformation de l'alcool en eau-de-vie distribuable.

Matériel en usage pour assurer les distributions.

7° *Conserves et salaisons.* — Caractères distinctifs. Conservation. Mode de distribution.

8° *Commis aux écritures.* — Tenue des principaux registres en usage dans le service des subsistances militaires : compte d'avances de fonds, registre-journal, main courante, compte de gestion, registre d'inventaire. Registres auxiliaires, pièces à l'appui.

III. — HABILLEMENT ET CAMPEMENT.

a) Connaissances communes à toutes les professions.

1° Organisation générale des magasins administratifs de l'habillement et du campement;

2° Notions générales sur le fonctionnement du service de l'habillement dans les corps de troupe, surtout au point de vue de leurs relations avec les magasins administratifs. Demandes des corps : registre de ces demandes; carnet des redus. Carnet de préparation de la commande trimestrielle.

3° Notions générales sur l'organisation du service de l'habillement et du campement en campagne. Détachements fournis par la section d'ouvriers d'administration au service de l'habillement en campagne.

4° Administration d'un détachement au point de vue du prêt et de l'ordinaire.

5° Personnel civil. — Notions générales sur le recrutement et la situation de ce personnel. Traitements divers ; punitions; cas de maladies; retraites. Accidents du travail : caractériser un accident. Formalités à remplir dans ce cas.

Comptabilité spéciale pour le personnel : Registre matricule. Pièces à établir pour le fonctionnement du service médical. Instruction d'une demande d'emploi.

6° Matériel en général. — Ses divisions. Indiquer, pour chacune des catégories, le mode d'emmagasinage et d'entretien du matériel.

7° Notions générales au point de vue des formalités administratives à remplir sur les divers cahiers des charges qui régissent la fourniture des draps, des toiles et des effets confectionnés.

Draps. — Divisions au point de vue de la finesse et des nuances. Formalités administratives remplies depuis l'expédition d'une pièce de drap au magasin jusqu'à son entrée définitive dans les approvisionnements. Pièces ajournées et refusées : renvoi en fabrique.

Toile. — Divisions. Leur réception. Épreuve du lessivage. Carnet de métrage des draps et des toiles. Compte courant avec les fournisseurs. Compte courant avec l'entrepreneur des confections. Carnet d'inventaire.

Effets confectionnés. — Livraison des draps et des toiles aux entrepreneurs d'effets confectionnés. Mode de fourniture des visières; livraison aux entrepreneurs. Matières premières fournies par les entrepreneurs.

Réception des pièces séparées de la chaussure.

États de pointure : les expliquer.

Réception des effets confectionnés, par les experts, par la commission.

Registre des effets en magasin.

Des commissions d'appel.

8° Notions générales sur le matériel du campement proprement dit et le couchage auxiliaire.

Tentes diverses, leur montage et démontage.

Divers ustensiles de campement.

Composition d'une collection de couchage auxiliaire. Foulonnage des couvertures. Lavage et entretien des effets de couchage auxiliaire.

Enlèvement des taches. Dégradations par les corps de troupe. Imputations, leur constatation.

9° Harnachement. — Composition, entretien et renouvellement de ce matériel.

10° Matières de consommation courante et matériaux d'emballage. — Modes de fourniture, destination.

11° Formalités à remplir pour assurer l'exécution des transports de matériel. Demande de transport. Lettre de voiture. Registre H.

Transports particuliers du magasin aux fabriques de drap et *vice versa.* — Pièces nécessaires.

b) Connaissances techniques particulières à chaque profession
ou emploi spécial.

(Connaissances très sommaires sur ces divers points).

1° *Laine.* — Définition des termes suivants : laine peignée, laine cardée, laine mère, pelades, jarres, blousses, tontisses, effilochages.

Principaux accidents qui peuvent être constatés sur une pièce de drap. Définir les termes suivants : barres, ribaudures, rentrayages, épincetages, queue de rat, reprises, nuances, bouchons, plis de presse.

2° *Coton, lin.* — Notions très sommaires sur le travail du

coton. Principaux accidents qui peuvent être constatés sur une pièce de toile.

3° *Cuirs*. — Nature des cuirs employés par l'administration. Définition des termes ci-après : cuir nourri, demi-nourri, quart nourri, hongroyé, corroyé, fleur, chair, noirci sur fleur, noirci sur chair.

Défauts des cuirs. Définition des termes suivants : coutelure, piqûre de taons, cuir creux, cuir vert, cuir cornard, cuir acide, cuir échauffé, cuir dérayé à la veine, marques de feu, varous, cuir verdelet.

4° *Bois, métaux divers*. — Essences de bois. Liège. Tôles. Fers blancs. Bois et métaux employés pour chaque objet entrant dans les approvisionnements.

Entretien des bois, peinturage. Entretien des ferrures. Coaltarisation.

Étamage. Décapage. Soudure. Bain d'étain. Analyse d'étain.

Ferrures et boucletterie du harnachement. Entretien.

5° *Suifs, graisses, huiles*. — Nature des graisses employées : huile antoxyde, graisses Thomas et Dubbing. Ingrédients employés pour combattre les insectes : naphtaline, camphre, poudre de pyrèthre. Manière de se procurer ces ingrédients.

Procédés employés pour enlever les taches de graisse sur un effet (ammoniaque, benzine). Naphtaline. Savons. Terres employées pour les dégraissages : argile smectique et magnésite (de Salinel).

6° *Machines à vapeur et appareils spéciaux*. — Notions très sommaires sur la machine à vapeur et l'appareil de décatissage. Hygromètre. Dynamomètre (Chevefy ou Perraud). Compte-fils. Palmamètre. Antréomètre. Jauge Palmer. Appareil Bossière. Microscope. Thermomètre. Pèse lessive.

But et usage des divers appareils spéciaux;

7° *Acides azotique et chlorhydrique*. — Leur emploi dans le service de l'habillement.

8° *Comptabilité*. (Partie spéciale aux commis aux écritures) :

a) Comptabilité-matière.

Règlement du 9 septembre 1888 et instruction du 23 décembre 1888 (notions générales et surtout pratiques).

Comptes de gestion. Registres-journaux.

Pièces diverses à établir pour :

La livraison de matières premières à l'entrepreneur de confection;

La livraison aux corps de troupe des effets demandés à titre de remboursement, à titre gratuit ;

La livraison de la graisse Thomas, de la naphtaline ;

L'entrée des effets reçus en magasin ;

L'entrée des draps et toiles reçus en magasin ;

Le prêt du matériel ;

Les réformes et remises aux domaines.

Situations 190 et 190 *bis*.

b) Comptabilité-deniers.

Avances de fonds ; carnet d'avance de fonds ; registre de caisse ; carnet d'autorisation d'achats ; paiement des matières achetées sur les avances et pièces à établir ; paiement des frais d'affichage, des frais d'insertion, des frais de publication, des frais d'impression.

Pièces à établir pour ces divers cas de comptabilité :

Solde du personnel : registre-contrôle, relevé récapitulatif des salaires, versements à la caisse des retraites.

Pièces à établir trimestriellement pour effectuer ces versements :

Retenue sur la solde ; comment cette retenue figure-t-elle dans la comptabilité ?

MODÈLE N° 1.

Il est établi un procès-verbal distinct pour chaque grade (attaché de 1re classe et attaché de 2e classe).

Instruction
du 3 mars 1902.

Article 15.

PROCÈS-VERBAL

constatant le résultat des épreuves du concours, subies par les candidats au grade d   du cadre auxiliaire.

L'an   , le   février ;

Vu les instructions en vigueur et notamment les articles 13 à 15 de l'instruction ministérielle du 3 mars 1902 ;

Vu la dépêche en date du   dudit mois de février de M. le Président du Comité technique de l'intendance, portant envoi des plis cachetés pour le concours et faisant connaître qu'il est accordé un délai de   heures aux candidats pour la composition écrite ;

La commission locale, instituée pour procéder à l'examen des candidats au grade de   du cadre auxiliaire et composée de :

MM.   , président,
                , membres,

s'est réunie pour faire subir les épreuves prescrites.

Les candidats, autorisés à concourir et qui ont été régulièrement convoqués, sont :

MM. (nom, prénoms, situation militaire, profession avec indication si le candidat représente ou non une maison étrangère, diplôme en droit s'il y a lieu, adresse).

Le président, après avoir ouvert la séance, a donné communication aux membres de la Commission des dispositions de l'instruction précitée du 3 mars 1902, relatives à la manière de procéder des Commissions locales chargées d'examiner les candidats ; il a ensuite proposé l'ordre ci-après pour les opérations de la Commission :

Cette proposition est adoptée.

L'état inclus indique la notation faite par la Commission en ce qui concerne les épreuves qu'elle a eu à apprécier.

Les dossiers des candidats sont ci-joints.

De tout quoi, le présent procès-verbal a été dressé et signé par le président et les membres de la Commission.

Fait à   , les jour, mois et an que d'autre part.

MODÈLE N° 2.

Il est établi un état distinct pour chaque grade.

Instruction
du 3 mars 1902.

Article 15.

ÉTAT, par ordre alphabétique, des candidats qui ont pris part, en 19 , au concours pour le grade d'attaché de   e classe à l'intendance du cadre auxiliaire.

NOM ET PRÉNOMS DES CANDIDATS.	PROFESSION.	SITUATION MILITAIRE.	DIPLÔME EN DROIT.	NOTES OBTENUES.				PRODUIT DES NOTES par les coefficients.			POINTS A AJOUTER pour les langues étrangères autres que l'allemand.	POINTS A AJOUTER pour le diplôme en droit.	TOTAL DES POINTS OBTENUS, moins ceux donnés à l'aptitude physique et morale.	OBSERVATIONS.
				Epreuve d'équitation.	Examen oral.	Examen d'allemand.	Aptitude physique et morale.	Epreuve d'équitation.	Examen oral.	Examen d'allemand.				

MM.

n'ayant pas obtenu la note 9 à l'épreuve d'équitation, n'ont pas pris part aux autres épreuves.

A   , le   19 .

Les Membres de la Commission,   *Le Président de la Commission,*

DOSSIER

de M.   *(nom, prénoms, profession, corps), domicilié à   ,
canton d   , département d   ,
candidat au grade d'attaché de   e classe à
l'intendance du cadre auxiliaire.*

SOMMAIRE.

Mémoire de proposition modèle A du règlement du
16 juin 1897 ;

Demande de l'intéressé ;

Extrait de l'acte de naissance ;

Extrait du casier judiciaire ; } (à produire seulement pour les sous-officiers et les anciens engagés conditionnels).

Copie certifiée conforme du diplôme de   en
droit ou du certificat qui en tient lieu (s'il y a lieu) ;

Certificat constatant l'aptitude en équitation ;

Composition écrite du candidat.

Modèle N° 4.
—
⁰ CORPS D'ARMÉE.
—
(1)

Instruction
du 3 mars 1902.
—
Article 23.

LETTRE DE NOMINATION A L'EMPLOI

d'adjudant d'administration du cadre auxiliaire du service de l'intendance.

(2)

Par application de l'article 23 de l'instruction du 3 mars 1902, l'intendant (3)   , directeur de l'intendance d (4)   , nomme à l'emploi d'adjudant d'administration du cadre auxiliaire du service de l'intendance (2)   ,
le (5)   :   , de la   ⁰ section (6) de commis et ouvriers militaires d'administration, domicilié à   , canton d   , département d   .

Au jour de la mobilisation, fixé par l'ordre de route inscrit à son livret, l'intéressé se rendra au lieu qui lui est prescrit, où il recevra une lettre de service lui faisant connaître son emploi.

A   , le   19   .

L'Intendant (3)
Directeur de l'intendance,

---

(1) Réserve de l'armée active ou armée territoriale.

(2) Bureaux de l'Intendance ou Sub-istances ou Habillement et Campement.

(3) Militaire ou général.

(4) Corps d'armée ou Gouvernement militaire.

(5) Grade, nom et prénoms.

(6) Active ou territoriale.

Instruction
du 3 mars 1902.

Article 24.

RÉSERVE ET ARMÉE TERRITORIALE.

Certificat d'aptitude au grade d

Les membres de la Commission, constituée en conformité de l'article 24 de l'instruction du 3 mars 1902 pour l'application du règlement du 16 juin 1897 aux personnels des cadres auxiliaires du service de l'intendance, certifient que :

M.   (nom et prénoms),
né à   (commune, canton, département), domicilié à   (commune, canton, département),   (désigner le grade) (de réserve) ou de l'armée territoriale), à   (service ou formation auquel il est affecté), a subi avec succès les épreuves de l'examen d'aptitude au grade de
et a obtenu la mention (bien ou très bien).

A   , le   19   .

Les Membres de la Commission.

MODÈLE N° 6.

e CORPS D'ARMÉE.

Instruction
du 3 mars 1902.

Article 26.

CADRES AUXILIAIRES DU SERVICE DE L'INTENDANCE.

ÉTAT indiquant le montant détaillé des crédits nécessaires pour la convocation, en 19 , des fonctionnaires, des attachés et des officiers d'administration du cadre auxiliaire.

GRADES.	DÉSIGNATION numérique du personnel susceptible d'être convoqué.		SOLDE PAR JOUR.	CRÉDITS NÉCESSAIRES.				TOTAL par jour.		TOTAL		
				INDEMNITÉS						pour la durée de la période d'instruction.		
	Réserve.	Armée territoriale.		de résidence.	du monture.	aux troupes en marche.	de frais de bureau.	Réserve.	Armée territoriale.	Réserve.	Armée territoriale.	général pour la réserve et pour l'armée territoriale.
I. — Manœuvres et surveillance de la fabrication des conserves de viande.												
Sous-intendant { de 1re classe...												
de 2e classe...												
de 3e classe...												
Adjoint à l'intendance......												
Attaché... { de 1re classe...												
de 2e classe...												
TOTAL.....												
Officier d'adminis-tration { principal......												
de 1re classe...												
de 2e classe...												
de 3e classe...												
TOTAL.....												(1)

(1) Dont   fr. pour la surveillance de la fabrication des conserves.

II. — Convocations normales.												
Sous-intendant { de 1re classe...												
de 2e classe..												
de 3e classe...												
Adjoint à l'intendance.....												
Attaché... { de 1re classe...												
de 2e classe...												
TOTAL.....												
Officier d'adminis-tration { principal......												
de 1re classe...												
de 2e classe...												
de 3e classe...												
TOTAL.....												

BIBLIOTHÈQUE NATIONALE — IMPRIMÉS

ARIS. — IMPRIMERIE R. CHAPELOT ET Cᵉ, 2, RUE CHRISTINE.

R. **CHAPELOT** et C⁰, Libraires-Éditeurs, Rue et Passage Dauphine, 30, Paris.

BULLETIN OFFICIEL

DU MINISTÈRE DE LA GUERRE

(Édition chronologique et Édition méthodique)

CONDITIONS D'ABONNEMENT :

Pour MM. les Officiers, Fonctionnaires militaires et Assimilés de l'armée active

(FRANCE, ALGÉRIE, TUNISIE)

Bulletin officiel des troupes métropolitaines .... 20 fr.

—   —   coloniales .... 15 fr.

—   Édition complète *(les deux Bulletins réunis)* ...... 25 fr.

Les conditions de souscription pour les abonnés en dehors des catégories ci-dessus sont envoyées sur demande.

MANUEL

DE

LÉGISLATION, D'ADMINISTRATION

ET DE

COMPTABILITÉ MILITAIRES

à l'usage des Officiers et des Sous-Officiers de toutes armes

PAR

le Lieutenant-Colonel L. BEAUGÉ

11ᵉ ÉDITION, complètement refondue et mise à jour

Paris, 1901, 2 forts vol. in-12. 15 fr.

L'achat du Manuel a été autorisé par décision ministérielle, en date du 24 août 1900, au compte de la masse d'habillement.

Paris. — Imprimerie R. CHAPELOT et C⁰, 2, rue Christine.